AF254110

DEUXIÈME LETTRE

D'UN

EXILÉ A UN MAGISTRAT,

PAR

N. F. CRETON,

ANCIEN MEMBRE DES ASSEMBLÉES NATIONALES.

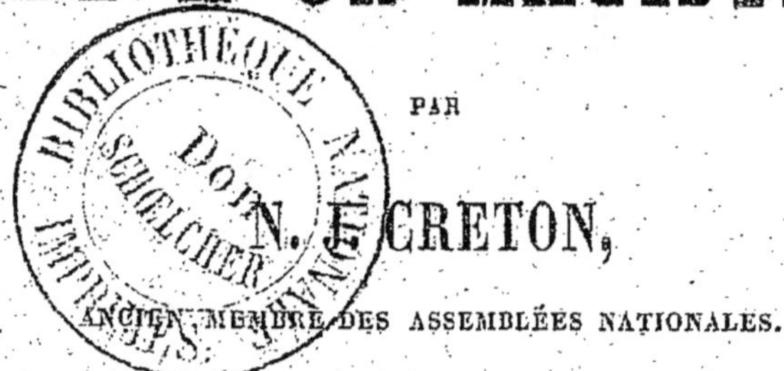

Justitiam colimus : boni et æqui noti-
tiam profitemur æquum ab iniquo sepa-
rantes : veram philosophiam non simu-
latam affectantes.

(D. LIB. I, TIT. I.)

BRUXELLES,

EN VENTE CHEZ TOUS LES LIBRAIRES.

1852.

DEUXIÈME LETTRE.

DES HISTORIENS ET DES PUBLICISTES.

Mettons de la critique dans l'étude des auteurs.

M. Troplong.

Monsieur le Président,

Je ne puis croire qu'en définitive nous nous trouvions sérieusement en désaccord sur les principes, puisque vous êtes d'avis que toute bonne politique doit se régler sur la morale éternelle, qui est immuable. Si donc j'étais assez heureux pour constater avec vous certains faits matériels et pour bien déterminer le caractère de certains hommes, toute discussion cesserait bientôt entre nous.

Selon moi, chez les peuples très-éclairés et par conséquent très-civilisés, les bonnes mœurs et la liberté sont sœurs ; elles s'élèvent et dépérissent simultanément ; car elles ont pour principe commun le sentiment de dignité que Dieu, qui nous a faits à son image, a gravé dans nos cœurs.

L'égalité est aussi très désirable, parce qu'elle a son fondement dans la justice ; mais elle est beaucoup moins nécessaire au bonheur de l'homme sage que la liberté. Elle n'a réellement un caractère sacré que lorsqu'elle tend à élever les âmes, et non à les déprimer sous un même niveau de bassesse ou de servitude. Le sentiment de la véritable égalité n'a rien de commun avec la haine et l'envie.

Les biens auxquels l'homme doit aspirer sur la terre peuvent être classés dans l'ordre suivant : La connaissance de Dieu et de soi-même, les bonnes mœurs, la liberté n'ayant d'autre limite que le droit d'autrui et la nécessité de maintenir l'ordre social, enfin, l'égalité consistant dans le droit donné à tous de s'élever dans les limites des forces que la Providence a départies à chacun, sans que la loi politique ou la loi civile apportent le moindre obstacle à ce progrès.

L'égalité, prise en dehors de ce qui est grand et juste, loin d'être un bien réel, peut n'être qu'un très-grand mal. On conçoit l'égalité dans la misère, dans la bassesse, dans le vice, dans la servitude. Il y a l'égalité des brutes, celle des sauvages, celle des damnés. Quand la peste sévit, toutes les familles sont atteintes, c'est l'égalité. Quand le pouvoir est usurpé par la force, il y a, pour les victimes, égalité dans le malheur, et, pour ceux qui se soumettent, égalité dans l'abaissement. Il ne faut donc pas s'arrêter d'une manière absolue à ce vain mot d'égalité. Je ne fais nulle difficulté de reconnaître que beaucoup de Césars, en supprimant toute liberté, toute émulation, toute grandeur, ont, jusqu'à certain point et à quelques égards, constitué l'égalité; mais il s'agit de savoir quelle était cette égalité.

Si vous vous étiez borné à soutenir, monsieur le Président, que l'orgueil et les passions des grands, l'entêtement de l'oligarchie, l'envie et le matérialisme propagés dans les masses, conduisent presque infailliblement au despotisme; que, par le dérèglement des mœurs, l'avidité répandue dans toutes les classes, le dérangement des fortunes, l'improbité, le désordre des esprits, l'affaissement des âmes, les guerres lointaines, l'étendue des conquêtes, l'influence excessive de la force militaire, la promiscuité du titre de Romain, la république avançait de jour en jour vers sa ruine, et que le dernier coup porté par les légions et par ce qu'il y avait de plus abject dans le peuple fut un châtiment aussi terrible que mérité, je me contenterais de répondre que, si les chefs, au lieu d'être ambitieux et pervers, avaient été désintéressés et véritablement dévoués à leur patrie, la liberté pouvait encore être sauvée; mais, comme la vertu, sur la terre, est très-rarement jointe à la force, j'avoue que je n'insisterais pas.

Les contemporains les plus éclairés n'ont pas nié les fautes et les crimes qui ont fait périr la République (*). La question n'est pas là. Le dissentiment ne commence entre nous que lorsque vous exaltez l'usurpation des Césars comme un événement heureux et glorieux, et lorsque, vous magistrat, vous prenez en main la défense de Jules César se constituant juge des lois de son pays, et les renversant par la force des légions. Pour moi, suivant l'impulsion de ma conscience, j'ai toujours considéré l'usurpation militaire des deux premiers empereurs, puis les règnes des Tibère, des Caligula, des Claude, des Néron, des Domitien et de tant d'autres, non-seulement comme des malheurs immenses, mais, ce qui est bien pis encore, comme l'opprobre du genre humain. Lorsque les anciennes vertus qui avaient fait la gloire de la République se furent successivement éteintes, après les guerres puniques, Rome entra dans son âge de fer. Esclave de ses vices et de ses intérêts matériels, elle descendit, en quelque sorte, dans les enfers pour en parcourir tous les cercles. Je ne méconnais pas que la main de Dieu ne doive quelquefois s'appesantir sur les hommes : c'est le *discite justitiam moniti*. Le déluge, les plaies d'Égypte, la pluie de feu qui dévora deux villes abominables, l'apparition des conquérants qui

---

(*) *Id quantis nostris peccatis vitiisve evenerit non possum sine molestiâ cogitare.* Cicéron à Atticus, 1er mars 704.

Le même Cicéron, dans un fragment conservé par st. Augustin, s'exprime ainsi : « Cujus tanti mali non modo reddenda ratio nobis, » sed etiam tanquam *reis capitis* quodammodo dicenda causa est. » Nostris enim vitiis, non casu aliquo, rempublicam verbo retinemus, » reapsè vero jam pridem amisimus. »

ravagent la terre, se jouent de la vie des hommes et leur imposent la servitude, sont de grands châtiments pour les populations coupables et de grands avertissements pour l'avenir. Tout en m'inclinant devant la justice divine, je place l'ère des Césars au nombre de ces fléaux.

Comme nous professons évidemment la même morale, c'est sur des points de fait que la discussion doit rouler entre nous; c'est donc à l'étude très-scrupuleuse des faits que nous devons nous attacher.

Nous avons été témoins d'événements analogues; mais, ces faits ayant été soustraits au jugement régulier des tribunaux, il faut laisser à la postérité le soin de les apprécier. Quant aux empereurs romains, dont nous pouvons parler avec plus de liberté, nous trouvons dans les écrits des historiens et des publicistes tous les éléments nécessaires pour découvrir leur caractère, leurs passions, leur conduite et la moralité de leur gouvernement. Chaque fait, chaque trait de caractère se trouvant bien déterminé, nous n'aurons plus à faire que l'application de nos trois grands principes, dont il n'est permis, selon vous-même, de s'écarter dans aucun cas, ni sous aucun prétexte, et qui, comme vous le dites avec tant de vérité, sont encore plus strictement obligatoires pour les gouvernements que pour les particuliers.

Nous allons donc ouvrir les auteurs; mais, suivant votre judicieuse observation, il faut les consulter avec discernement. Avant de tenir pour vrais les faits racontés par un écrivain, et d'accepter, dans une certaine mesure,

4.

les conséquences qu'il en a tirées, il faut connaître aussi exactement que possible ses mœurs privées, sa vie politique, savoir s'il ne s'est pas trompé, ou s'il n'a pas voulu tromper ses contemporains ou la postérité.

J'attacherai la plus haute importance à l'examen de la valeur morale des hommes qui ont écrit; car, en toutes choses, je me défie de ceux qui n'ont pas la vertu et surtout le désintéressement pour boussole. Pourquoi, monsieur le Président, vos anciennes opinions sont-elles si précieuses? pourquoi vos nouveaux systèmes sur les Césars, sur la dictature militaire, sur le pouvoir absolu, me paraissent-ils si funestes? pourquoi doivent-ils provoquer de si vives protestations? c'est parce que, toujours simple, toujours inaccessible aux vanités mondaines, à l'appât des dignités et des avantages matériels, vous avez exclusivement en vue la justice, la droiture et la vérité; et que le monde devra naturellement supposer que ce qui est approuvé par vous mérite en effet d'être loué.

Lorsqu'on veut se faire des idées exactes de ce qu'étaient les *mœurs, la dignité humaine, l'élévation des sentiments* sous *l'ère des Césars,* il est tout simple de recourir d'abord aux auteurs modernes qui sont généralement signalés comme ayant étudié avec le plus de soin tout ce qui se rattache, soit à cette époque, soit au temps où les vertus romaines brillaient de tout leur éclat. Bossuet, Montesquieu, Saint-Evremond, Rollin, Crévier, Vertot, Lebeau, Gibbon, Nieburh, Chateaubriand, M. Villemain, sont des autorités qui inspirent la confiance. On peut bien n'être pas entièrement d'accord avec ces auteurs sur l'appréciation de certains événements et sur les conséquences qu'il faut en déduire ; mais, pour l'exactitude même des faits, pour les jugements à porter au point de vue purement moral, il est difficile de trouver des éléments plus sûrs que ceux qu'ils ont obtenus par leurs consciencieuses études.

Or, ce sont là pour nous les points importants, puisqu'il est bien entendu que jamais, à aucun prix, nous ne séparerons la politique de la morale, et que nous considérons comme impie toute atteinte portée aux lois divines et humaines, sous prétexte de *salut public* ou de *raison d'État*.

Aux noms des écrivains qui peuvent nous faire connaître les progrès des mœurs publiques et privées sous l'ère des Césars, je dois m'empresser d'ajouter celui de M. Franz de Champagny. Je dirai cependant avec franchise que, si les sentiments religieux, la haute intelligence de cet historien, et le discernement parfait avec lequel il choisit ses autorités, ont éveillé mon attention et mes sympathies, l'impression qu'il produit sur moi n'est peut-être plus aussi favorable lorsqu'il s'agit de la liberté, de la dignité du citoyen, et des principes généraux du gouvernement des États. A propos de l'antique patriotisme des Romains, cette phrase m'a quelque peu blessé : *Cela était grand et beau, bien que fort absurde.* J'ai vu là, que l'auteur me pardonne l'expression, une sorte de boutade bonapartiste. Je reconnais que rien de ce qui tient à la terre ne doit être déifié ; mais les vertus de l'ancienne Rome ne pouvaient pas faire d'emprunts à l'évangile. Sans doute, aujourd'hui, l'amour de la patrie, de la famille, de la liberté, tous les sentiments humains sont éclairés et purifiés par le christianisme; mais l'ancienne discipline des Romains excitera toujours l'admiration des grandes âmes.

Au surplus, M. de Champagny lui-même a dit ailleurs : « La foi romaine a sa morale, plus positive et plus for- » melle que celle d'aucun culte payen. Ce n'est pas la » morale de l'homme individuel : le bonheur de ce » monde, la félicité de l'autre vie, la satisfaction des » consciences, que dis-je? la bonne renommée elle- » même n'est pas son but. Cette morale est *celle de la* » *famille*, et, par la famille, de la cité; son but est le bien- » être, l'agrandissement, la gloire de la chose publique. » Les vertus romaines, le courage dans la guerre, la » modération dans la paix, l'économie dans la maison, » la fidélité dans le mariage, sont des vertus patrioti- » ques enseignées et *pratiquées* comme telles. Elles sont, » au fond, *la grande cause* de la puissance romaine. » *Rome dégénérée* n'a fait que suivre la route que Rome » austère et pure lui avait rendue facile; elle a achevé » de conquérir le monde déjà vaincu à demi par des » vertus qu'elle n'avait plus. »

Mais, ce qui m'a complétement réconcilié avec l'auteur, ce sont des pages telles que celle-ci :

« Nous nous complaisons dans cet enchaînement de » causes par lesquelles nous déduisons les uns des » autres les événements humains; nous aimons à jouer

» le rôle de Providence ; mais nous ne voyons dans les
» actions que leurs conséquences sociales, et ces causes
» nous paraissent tellement grandioses que, sans y
» songer, nous passons l'éponge sur les actions elles-
» mêmes.

» Oserai-je le dire à mon siècle, lui si fier de ses
» lumières et de sa science ; lui qui pense avoir telle-
» ment hâté la marche de l'esprit humain ? S'il a quelque
» chose à apprendre, ce n'est pas la partie la plus mys-
» térieuse de quelque science indéfinie ; dans l'indéfini
» et dans le vague, personne au monde n'a été plus
» avant que lui.... la morale est quelque chose de bien
» peu transcendant et de bien vulgaire ; il ne faut
» qu'une portée d'esprit assez médiocre pour distinguer
» le bien du mal, la vertu du crime ; en histoire, c'est
» le sentier battu, la vieille ornière, le lieu commun où
» chacun s'est traîné depuis Hérodote ; et pourtant, si
» quelque chose nous reste à apprendre, si quelque
» chose manque dans l'histoire telle qu'on l'écrit au-
» jourd'hui, c'est tout simplement peut-être cette naïve
» et vulgaire équité, cette bonhomie d'honnête homme
» d'un Hérodote et d'un Rollin ; c'est une appréciation
» des choses et des hommes, non-seulement dans leur
» rapport avec l'histoire de l'humanité, mais aussi dans
» leur rapport avec *notre sens moral et nos habitudes*
» *d'honnêtes gens...* Il y a des choses plus intellectuelles
» et plus hautes, je n'admets pas qu'il y en ait de plus
» utiles et de plus vraies. »

Ce langage, monsieur le Président, est conforme à

la théorie absolue du juste et de l'injuste que vous professiez si éloquemment en 1850 ; j'aurai plus d'une fois occasion de la rappeler.

Gibbon mérite, quant à l'exactitude des récits et quant au choix des auteurs, le même éloge que M. de Champagny ; mais sa modération ressemble trop à l'absence de foi politique et à l'indifférence. Les réserves que je fais à son égard se trouvent judicieusement résumées dans les passages suivants que j'extrais de la biographie universelle :

« L'honnèteté de Gibbon ne s'étendait pas jusqu'aux
» grands devoirs politiques.... Lassé de la carrière
» politique où aucune gloire ne le dédommageait des
» tracasseries de parti, et peu attaché aux opinions
» qu'il avait manifestées comme à la conduite qu'il
» avait tenue, il se retira des affaires publiques en
» 1782... Les défauts de Gibbon sont de ceux qui
» échappent au commun des hommes. Le premier et
» le plus grand tort qu'on puisse lui reprocher est
» cette absence d'élévation dans les sentiments, qui
» trompe d'autant plus la raison que l'historien se croit
» plus raisonnable quand il considère le vice et la
» vertu avec la même indifférence.... Il se laissait aller
» aisément à admirer ce qui l'étonnait, et il jugeait
» mal ce qu'il ne savait pas sentir... La grandeur
» matérielle le frappait beaucoup plus que la grandeur
» morale. Les élans d'une vertu sublime ne pénètrent
» pas jusqu'à son âme, tandis que les écarts d'une

» force barbare séduisent son imagination et égarent
» son jugement. Il n'avait pas de principes fixes en
» morale, en politique, en économie politique, en un
» mot sur ce qui constitue l'ensemble de la civilisa-
» tion et de la société. Son ouvrage est celui d'un
» homme éclairé plutôt que celui d'un grand philoso-
» phe qui fait jaillir du sein d'un nombre immense de
» faits ces hautes conceptions, ces vérités d'un ordre
» supérieur qui s'appliquent à toutes les histoires et à
» tous les siècles.... L'horreur que lui inspira la
» révolution française le fit tomber dans une réaction
» excessive.... On peut dire de lui que c'était un
» homme aussi bon et aussi honnête qu'on peut l'être
» avec une sensibilité peu profonde et des sentiments
» droits mais peu élevés. »

Bossuet ne vous paraîtra, sans doute, ni trop aristo-
crate, ni trop républicain ; or, vous savez le tableau
qu'il a fait de la décadence des Romains et de l'abus de
la puissance militaire. — Au sujet de Montesquieu,
j'ai trouvé quelque obscurité dans vos paroles : vous
ne voulez pas, dites-vous, discuter une autorité si grave.
Je conviens, monsieur le Président, que la mo-
destie mérite d'être louée lorsqu'elle accompagne des
connaissances et un talent aussi incontestables que les
vôtres ; mais, quels que soient le nom et l'autorité d'un pu-
bliciste, si l'on soutient un système diamétralement
contraire au sien, il faut le prendre corps à corps. Si
vous ne combattez pas Montesquieu, comment pouvez-
vous considérer comme un progrès de la civilisation ce

qu'il a flétri comme une époque de décadence et d'immoralité ?

S'est-il trompé ? a-t-il fait un mauvais choix entre les anciens auteurs, lorsque nous le voyons s'exprimer en ces termes :

« Les gens de guerre perdirent peu à peu l'esprit de
» citoyens, et les généraux qui disposèrent des armées,
» sentirent leur force et ne purent plus obéir. Les
» soldats commencèrent donc à ne connaître que leur
» général, à fonder sur lui *toutes leurs espérances* et à
» voir de plus loin la ville. Ce ne furent plus les soldats
» de la République, mais de Sylla, de Marius, de Pom-
» pée, de César. Rome ne put plus savoir si celui qui
» était à la tête d'une armée dans une province était
» son général ou son ennemi..... Quand le peuple
» put donner à ses favoris une formidable autorité au
» dehors, toute la sagesse du sénat devint inutile et la
» République fut perdue.

» Les soldats romains n'avaient point proprement
» d'esprit de parti ; ils ne combattaient point pour
» une certaine chose, mais pour une certaine per-
» sonne, *ils ne connaissaient que leurs chefs qui les*
» *engageaient par des espérances immenses ;* mais le
» chef battu n'étant plus en état de tenir ses promes-
» ses, ils se tournaient d'un autre côté. Les provinces
» n'entraient pas non plus sincèrement dans la que-
» relle, car il leur importait fort peu qui eût le dessus
» du sénat ou du peuple. Ainsi, aussitôt qu'un des
» chefs était battu, elles se donnaient à l'autre ; car il

» fallait que chaque ville songeât à se justifier devant
» le vainqueur.....

» *Dans un état libre où l'on vient d'usurper la sou-*
» *veraineté, on appelle règle tout ce qui peut fonder*
» *l'autorité sans bornes d'un seul;* et on nomme trou-
» ble, dissension, mauvais gouvernement tout ce qui
» peut maintenir l'honnête liberté des sujets.

» Tous les gens qui avaient eu des projets ambitieux
» avaient travaillé à mettre une espèce d'anarchie dans
» la République. Pompée, Crassus et César y réussirent
» à merveille. Ils établirent une impunité de tous les
» crimes publics; tout ce qui pouvait arrêter la cor-
» ruption des mœurs, tout ce qui pouvait faire une
» bonne police, ils l'abolirent; et, comme les bons lé-
» gislateurs cherchent à rendre leurs concitoyens meil-
» leurs, ceux-ci travaillaient à les rendre pires.... Ces
» premiers hommes de la République cherchaient à
» dégoûter le peuple de son pouvoir et à devenir né-
» cessaires en rendant extrêmes les inconvénients du
» gouvernement républicain.

» Dion remarque très-bien que, depuis les empe-
» reurs, il fut plus difficile d'écrire l'histoire : tout
» devint secret; toutes les dépêches des provinces
» furent portées dans le cabinet des empereurs; on ne
» sut plus que ce que la folie et la hardiesse des tyrans
» ne voulut point cacher, ou ce que les historiens con-
» jecturèrent.....

» Le peuple de Rome, ce que l'on appelait *plebs*, ne
» haïssait pas les plus mauvais empereurs. Depuis qu'il

» avait perdu l'empire et qu'il n'était plus occupé de
» la guerre, il était devenu *le plus vil de tous les peuples*;
» il regardait le commerce et les arts comme des choses
» propres aux seuls esclaves, et les distributions de blé
» qu'il recevait lui faisaient négliger les terres: *on*
» *l'avait accoutumé aux jeux et aux spectacles.* Quand
» il n'eut plus de tribuns à écouter, ni de magistrats à
» élire, ces choses vaines lui devinrent nécessaires et
» son oisiveté lui en augmenta le goût. Or, Caligula,
» Néron, Commode, Caracalla, étaient regrettés du
» peuple, *à cause de leur folie même*, car ils aimaient
» avec fureur ce que le peuple aimait, et contribuaient
» de tout leur pouvoir et même de leurs personnes à
» ses plaisirs; *ils prodiguaient pour lui toutes les ri-*
» *chesses de l'empire;* et, quand elles furent épuisées, le
» peuple, voyant sans peine dépouiller les grandes
» familles, jouissait des fruits de la tyrannie; et il en
» jouissait sûrement, car il trouvait sa sûreté dans sa
» bassesse. *De tels princes haïssaient naturellement les*
» *gens de bien : ils savaient qu'ils n'en étaient pas ap-*
» *prouvés ; indignés de la contradiction ou du silence d'un*
» *citoyen austère, enivrés des applaudissements de la*
» *populace, ils parvenaient à s'imaginer que leur gou-*
» *vernement faisait la félicité publique et qu'il n'y avait*
» *que des gens mal intentionnés qui pussent le censurer.*
» Le peuple ne fut pas moins avili que le sénat et
» les chevaliers. Nous avons vu que, jusqu'au temps des
» empereurs, il avait été si belliqueux, que les armées
» qu'on levait dans la ville se disciplinaient sur le

» champ et allaient droit à l'ennemi. Dans les guerres
» civiles de Vitellius et de Vespasien, Rome en proie
» à tous les ambitieux et pleine de bourgeois timides,
» tremblait devant la première bande de soldats qui
» pouvait s'en approcher.

» La condition des empereurs n'était pas meilleure :
» comme ce n'était pas une seule armée qui eût le droit
» ou la hardiesse d'en élire un, c'était assez que quel-
» qu'un fût élu par une armée pour devenir désa-
» gréable aux autres.....

» Les soldats avaient été attachés à la famille de
» César, qui était garante de tous les avantages que
» leur avait procurés la révolution. Le temps vint que
» les grandes familles de Rome furent toutes exter-
» minées par celle de César, et que celle de César, dans
» la personne de Néron, périt elle-même. *La puissance*
» *civile, qu'on avait sans cesse abattue, se trouva hors*
» *d'état de contrebalancer la puissance militaire....* »

Ces appréciations qui sont généralement en rapport
avec les opinions des écrivains modernes, à l'exception
peut-être de Linguet, me paraissent de nature à porter
quelque lumière sur les questions que vous avez sou-
levées. Je conçois néanmoins que, lorsque vous jetez
une sorte de défi aux idées reçues, vous ayez voulu re-
monter aux sources mêmes. — Les partisans comme
les adversaires du pouvoir qui domine en France le
suffrage universel, ont tous compris, sinon la ressem-
blance parfaite, du moins l'analogie frappante du
régime actuel avec l'*ère des Césars*. — La concentration

des pouvoirs conquise et maintenue par la force matérielle a-t-elle élevé les caractères et purifié les mœurs?
Les Romains ont-ils trouvé, dans la servitude, le progrès
de l'intelligence et le véritable bonheur? Ce sont là des
points capitaux sur lesquels il importe plus que jamais
d'éclairer l'opinion publique, et je trouve très-bien que
vous recommenciez l'étude des auteurs anciens déjà
tant de fois compulsés.

Dans cette étude, il faut apporter de la critique :
vous l'avez dit vous-même, monsieur le Président;
mais je crains qu'une préoccupation trop exclusive ne
vous ait fait quelquefois oublier ce principe.

Vous citez Florus, Velléius, Salluste, Suétone, Dion
à l'occasion de Mécène, un peu Cicéron, et Tacite
avec quelque répugnance, attendu que c'était un
écrivain d'opposition et un *républicain caché*.

Au sujet de Florus, je n'ai aucune objection à faire;
M. Villemain dit que son ouvrage *fait connaître les
Romains, comme une oraison funèbre fait connaître les
héros.* La belle comparaison que contient son prologue
se termine par ces mots : « De César-Auguste jusqu'à
» nos jours on compte environ deux cents ans, temps
» d'abaissement et de décadence sous la honteuse domi-
» nation des Césars. »

Quant à Velléius, vous me permettrez de l'écarter
d'une manière complète. Assurément la postérité ne
jugera ni la politique ni la moralité privée de l'empereur Napoléon sur l'ouvrage de M. de Norvins; or, à
tous égards, M. de Norvins est infiniment supérieur à

Velléius qui, selon la juste expression de Crévier, n'est qu'un abréviateur infecté du poison de la flatterie.

« On a fait à Velléius, dit M. Desprez, un reproche
» bien grave, celui d'avoir flatté Auguste et Livie,
» mais surtout Tibère et Séjan... On ne saurait nier
» qu'on est affecté d'un sentiment douloureux lorsque,
» après s'être abandonné aux émotions nobles et géné-
» reuses qu'inspire la lecture des premières pages de
» l'histoire de Velléius, on le voit déchoir jusqu'au rôle
» d'un adulateur de Tibère... Mais nous dirons que
» tel est l'ascendant de la puissance suprême, qu'on a
» vu, dans tous les temps, des hommes de mérite se
» faire illusion sur les défauts et sur les vices des
» grands, et s'attacher à eux avec tout le dévouement
» que la vertu seule est digne d'inspirer... Tibère étouf-
» fait, sans doute, sous le voile d'une dissimulation
» profonde, les vices dont son âme était pleine et qui
» n'attendaient que le trône pour s'y déployer...
» Tibère ne devint un monstre qu'après plusieurs mois
» d'hypocrisie. Je me plais à croire que Velléius eût
» brûlé son livre. »

Salluste est, par son style et son intelligence, un écrivain de premier ordre; mais deux êtres bien distincts se sont trouvés dans cet homme : l'historien, et l'affidé de Jules César. Comme historien, soit que, traitant des choses contemporaines, il n'ait pas pu s'écarter de la vérité ni résister à l'opinion publique, soit qu'il ait voulu se réhabiliter aux yeux de la postérité, Salluste est irréprochable; mais, quant à l'ami de César, nous savons par des témoignages unanimes, que son caractère et ses mœurs étaient tout à fait au niveau de la moralité du maître. Tous les usurpateurs n'ont pas l'avantage d'avoir à leur service le talent d'un Salluste, mais les dévouements de cette espèce appartiennent à tout pouvoir, quelque méprisable qu'il soit.

Or, vous n'ignorez pas, monsieur le Président, que les deux lettres de Salluste auxquelles vous renvoyez, quelle que soit leur valeur sous le rapport littéraire, ne sont que des œuvres de circonstance : véritables pamphlets politiques inspirés par César, et concertés entre l'auteur et lui. Ce n'est pas sur de pareilles pièces qu'une époque peut être jugée ; et, quelle que soit, par exemple, votre admiration pour le pouvoir actuel, vous ne pensez pas que la postérité le juge sur ses discours officiels, sur les rapports commandés à ses agents, et sur les articles de ses journaux qui n'ont pas de contradicteurs.

Toutefois, avant de déterminer la portée réelle de ces lettres, il est utile de bien connaître l'auteur luimême.

Voici quelques passages de la notice de M. Charles Durozoir :

« Tous les documents que l'antiquité nous a trans» mis sur la conduite politique et privée de Salluste
» tendent à nous faire concevoir la plus mauvaise opi» nion de l'homme qui, dans ses livres, s'est montré le
» censeur impitoyable des vices de son siècle. Le con» traste qui existait entre la gravité de ses écrits et la

» licence de ses mœurs révolta ses contemporains.

» Il eut toujours, dit le président Desbrosses, des
» lumières très-justes sur le bien et sur le mal; mais,
» réservant toute sa sévérité pour ses discours, il mit
» une entière licence dans ses actions; et, par un mal-
» heur commun à un grand nombre de gens à talents,
» il ne fut guère moins méprisable par son cœur que
» remarquable par son esprit. »

« *Dans ses lettres à César, Salluste ne se montre plus*
» *comme dans ses ouvrages historiques, un ennemi du*
» *pouvoir arbitraire, un ami des anciennes vertus romai-*
» *nes; c'est un flatteur habile qui veut faire de César*
» *l'oppresseur du parti vaincu.* »

Lorsque des hommes d'un caractère élevé, comme le
vôtre, monsieur le Président, passent d'une opinion à
une autre, et abandonnent la sainte cause de la liberté,
c'est un malheur, mais ce n'est pas une honte, s'ils ne
sont dirigés par aucun intérêt matériel; mais Salluste
n'était pas homme à rendre des services gratuits. Il se fit
donner une province; et l'on sait comment Jules César
changeait l'insolvabilité en opulence pour lui et pour
ses bons amis. Le biographe continue en ces termes :
« Salluste commit dans le gouvernement de sa province
» les plus criantes concussions; ce qui fait dire à Dion-
» Cassius que César préposa Salluste *de nom* au gouver-
» nement, mais *de fait* à la ruine de ce pays. Il était
» parti de Rome entièrement ruiné; il y revint, en 710,
» avec d'immenses richesses. »

Quant à la substance des deux lettres, elle peut se

résumer ainsi : apologie du vainqueur, dénigrement des vaincus poussé jusqu'à la plus révoltante injustice, et, sous la forme de conseils à César, belles promesses, semblables à celles que font tous les gouvernements nouveaux. Moraliser les masses, inspirer le désintéressement et la modération, réduire l'intérêt de l'argent, substituer le travail à l'assistance, établir sur des bases solides le principe de l'égalité civile, ramener l'union par la clémence, tels seront les vœux et les efforts de tous les temps. César et ses successeurs ont-ils rendu le peuple romain plus moral et plus heureux? C'est là ce que je nie; et j'espère vous démontrer plus tard que, chez les peuples civilisés, un tel but ne peut être atteint par le despotisme.

« Dans ces lettres, dit l'élégant traducteur, Salluste
» ne se fait pas scrupule d'abjurer les doctrines de liberté
» qui distinguent ses autres ouvrages, et on le voit venir
» au secours du despotisme de celui qui allait consom-
» mer la destruction des vieilles institutions de Rome.
» De nos jours Napoléon a opéré plus d'une conversion
» semblable. Que dis-je? même les despotes les plus
» médiocres ont vu les hommes de la liberté renier, pour
» un peu d'or, pour un pouvoir sans durée comme sans
» honneur, les principes qui, dans d'autres temps, leur
» avaient valu quelque popularité (*)..... »

(*) Salluste avoue lui-même, dans la première lettre, le sacrifice qu'il fait à César :

« Itaque mihi multa cum amimo agitanti consilium fuit *famam*

Cicéron, dans sa correspondance intime, est le juge le plus impartial et le plus éclairé des hommes de son temps et des choses qui se sont passées sous ses yeux. Il serait le premier parmi les anciens, si son énergie eût égalé son intelligence et sa sagesse. Il connaît les vices et les défaillances de son parti, mais, dans le succès de César, il voit l'extinction de toute moralité et de tout sentiment élevé.

« Cicéron, dit Montesquieu (*), est un des plus
» grands esprits qui aient jamais été : l'âme toujours
» belle, lorsqu'elle n'était pas faible. »

Et ailleurs (**) : « Ces lettres que l'on a mises sous le
» nom de Cicéron, parce que la plupart sont de lui, sont
» le chef-d'œuvre de la naïveté d'hommes unis par une
» douleur commune, et d'un siècle où la fausse politesse
» n'avait pas mis le mensonge partout. On n'y voit
» point, comme dans la plupart de nos lettres modernes,
» des gens qui veulent se tromper, mais des amis mal-
» heureux qui cherchent à se tout dire. »

Je ne blâme pas, monsieur le Président, vos fréquents renvois à Suétone. Quoique cet auteur me paraisse trop froid en présence du crime, et qu'il produise sur moi l'effet du *Moniteur* en 1793, je reconnais,

» *modestiamque meam* post tuam dignitatem habere, et *cujus*
» *rei lubet* periculum facere, dum quid tibi ex eo gloriæ accede-
» rit. »
(*) Pensées diverses.
(**) Grandeur et décadence des Romains.

avec les critiques les plus judicieux, sa scrupuleuse exactitude; il ne donne comme certain que ce qu'il a vérifié: c'est un juge d'instruction qui informe à charge et à décharge, sans donner son avis; sous ce rapport, on ne peut trop le consulter.

Tacite est un grand écrivain et un noble cœur. A mon sens, s'il eût été chrétien, il serait le premier de tous ceux qui élèvent la voix devant là postérité. La vue d'un volume de Tacite était pour Napoléon, *après qu'il eut fait peur aux royalistes*, comme une évocation qui se dressait devant lui. Il semblait qu'il redoutât un pinceau que jusqu'ici, pourtant, aucun historien n'a repris. Mais vous, monsieur, qui certainement avez admiré Tacite, quel motif auriez-vous de le suspecter aujourd'hui? C'est, dites-vous, *un écrivain d'opposition, un républicain caché*. Mais à quoi donc faisait-il opposition, si ce n'est au crime et à la honte? Avez-vous quelque raison de penser qu'il se fût élevé contre un gouvernement loyal et modéré?

C'était un *républicain caché*!.. d'abord, je repousse ce vilain mot de *caché*; il faut bien mesurer les termes quand il s'agit de noms que tant de siècles ont respectés: nulle part sa pensée ne se produit sous une forme ambiguë. Quant à l'autre qualification, elle pourrait lui convenir, en ce sens qu'il avait un caractère antique et des vertus républicaines. Mais, à ce point de vue, l'Hospital, Necker, Royer-Collard seraient aussi des républicains. Or, monsieur le Président, j'avoue que, si le ciel m'eût départi de grandes facultés, j'aurais voulu suivre les traces de ces hommes illustres et leur ressembler autrement que par la proscription que je subis. Sous la monarchie tempérée, une âme républicaine peut vouer au prince une inébranlable fidélité, tant que le prince lui-même maintient et respecte les lois. (*)

Au surplus c'est bien moins des opinions de Tacite que de sa véracité qu'il peut s'agir entre nous, lorsque nous recherchons les progrès intellectuels et moraux de la démocratie romaine. Or, sa scrupuleuse sincérité ne saurait être méconnue. « Aucune des flétrissures
» qu'il imprime, dit la biographie universelle, n'est
» effacée ou affaiblie par des témoignages de quelque
» valeur; et jusqu'ici on n'a pu opposer aux siens que
» de pures dénégations ou des considérations vagues
» sur l'invraisemblance des excès monstrueux qu'il
» signale, comme si la perversité humaine, exaltée

(*) On ne peut lire sans une émotion profonde, les pages qui terminent la *vie d'Agricola*; et, quant aux sentiments politiques de l'historien, je les trouve parfaitement résumés dans cet éloge si simple qu'il fait de son beau-père:

« Jamais, par une résistance téméraire ou par une vaine ostenta-
» tion, il ne provoqua la persécution ou ne rechercha la renommée.
» Qu'ils sachent, ceux qui réservent leur admiration pour les
» entreprises contraires aux lois que, même sous les mauvais princes,
» il peut y avoir des grands hommes, et que la déférence et la modé-
» ration, unies à l'habileté et à l'énergie, méritent plus de louanges que
» ce genre d'audace qui, sans avantage pour la chose publique, se
» précipite à travers les écueils et brave orgueilleusement la mort. »

54

» par l'usage du pouvoir absolu, enhardie par l'impu-
» nité, encouragée par l'adulation, devait reconnaître
» des limites! »

Et, pour que cet article, signé par M. Daunou, ne
vous paraisse pas trop entaché de libéralisme, je m'em-
presse de citer un auteur qui, s'il fallait choisir, serait,
je crois, malheureusement, plutôt impérialiste que républicain.

« Sous Trajan, après une suite presque continue
» pendant cinquante ans de maîtres à la façon de Tibère,
» on profita du premier moment de repos pour com-
» battre un mal que l'on sentait toujours au fond de la
» société... Tacite, dès le jour où l'on put parler, reprend
» toute l'histoire de la tyrannie : vrai pamphlet, tout
» plein d'éloquence et de *vérité*, écrit sous la puissance
» d'un *sentiment réel*, dirigé contre un esprit qui durait
» encore, dicté pour ainsi dire en commun par tous ceux
» qui avaient vu la tyrannie et qui craignaient de la revoir;
» *ce sont les Mémoires de tous les honnêtes gens de*
» *Rome* (*). »

Vous parlez des conseils que Dion Cassius met dans
la bouche de Mécène. Est-ce bien sérieusement? Vous
n'ignorez pas assurément que les discours prêtés à
Agrippa et à Mécène ne sont que des jeux d'esprit ima-
ginés après coup. Auguste, qui n'a jamais eu l'intention
d'inaugurer la démocratie, ne délibérait pas dans l'inti-
mité sur l'abdication de son pouvoir. D'un autre côté,

(*) M. de Champagny, *les Césars.*

Mécène comme vous l'avez reconnu, d'après les témoignages les plus irrécusables, était l'homme du monde le moins propre à régénérer le peuple romain. Enfin, loin de favoriser la *démocratie*, c'est-à-dire le *gouvernement par le peuple*, le discours attribué à Mécène tend à exclure, de la manière la plus absolue, l'élément populaire de toute participation aux affaires publiques.

C'est de là que Corneille a tiré ce vers si agréable à l'oreille du despotisme :

> Le pire des états est l'état populaire.

Crévier s'exprime ainsi à ce sujet :

« Dion prête à Mécène un détail qui, en forme de dis-
» cours, excède toute vraisemblance, et qui paraît mieux
» convenir à un Mémoire donné par écrit. Encore est-il
» bien des chefs sur lesquels je crains que cet écrivain
» n'ait suivi les idées de son temps, au lieu de représenter
» fidèlement les vues du ministre qu'il fait parler.......
» Juste-Lipse en a jugé ainsi, et le discours de Mécène
» lui paraît être l'ouvrage de Dion.... j'épargne au lec-
» teur toutes ces discussions....

Au nombre des auteurs anciens qu'il faut citer quand il s'agit de rechercher les progrès réels du peuple romain sous les empereurs, vous admettrez certainement Juvénal ; car personne ne conteste aujourd'hui l'exactitude des tableaux qu'il nous a laissés. L'admiration que Dussaulx a professée pour cet auteur, peut bien ne pas obtenir une adhésion universelle, mais l'élé-

vation de son caractère et de son intelligence, sa droiture, sa parfaite sincérité sont généralement reconnues. Laharpe qui le goûtait peu, parce que, peut-être, il ne l'avait pas assez étudié, motive ainsi son jugement : « Un homme très-vicieux parmi nous, pourrait, en
» lisant Juvénal, se croire un fort honnête homme. Ne
» doit-on pas admettre que, s'il est peu lu, c'est qu'il a
» peu d'attrait pour le lecteur, c'est qu'il a peint beau-
» coup moins les travers, les faiblesses, les défauts et
» les vices communs à l'humanité en général, qu'un
» genre de perversité particulier à un peuple *parvenu*
» *au dernier degré d'avilissement, de crapule et de*
» *dépravation,* SOUS UN GOUVERNEMENT DÉTESTABLE... Il
» faut se souvenir que tous les degrés de corruption
» tiennent non-seulement à l'immoralité mais aux
» moyens. »

Un écrivain aussi recommandable par ses recherches consciencieuses que par le but qu'il s'est proposé d'atteindre, M. Auguste Nicolas, dans l'esquisse qu'il a tracée de l'état de la société romaine sous les empereurs, s'exprime en ces termes : « Lisez, si vous le
» pouvez, Juvénal, qu'on n'a accusé d'exagération que
» faute d'avoir rapproché ses tableaux de leurs modè-
» les, et dont la verte conscience semble avoir été pré-
» servée tout exprès par la providence pour sauver
» en elle l'honneur de l'humanité *dans ce grand nau-*
» *frage* (*). »

(*) Du temps de Juvénal, ajoute M. Nicolas, le public n'assistait

Vous voyez, monsieur le Président, que, si votre adversaire est faible par lui-même, il se présente au combat avec de redoutables auxiliaires. Ce n'est pas tout encore; il me reste une autorité bien grave à vous opposer : cette autorité c'est la vôtre; car, avant qu'un nouveau César eût absorbé toutes les forces de la patrie, vous ne pensiez pas que l'avènement des empereurs fût une noble *conquête* de la véritable démocratie; vous ne vouliez pas alors que le nom de la *démocratie* fût profané. L'ère que, dans votre dernier discours, vous appelez *tardive*, c'est-à-dire désirable comme un progrès dans les voies du bien-être réel et de la dignité humaine, vous l'aviez précédemment appréciée comme Montesquieu l'avait jugée lui-même, car vous avez écrit :

« Lorsque les barbares vinrent fondre sur l'empire
» romain, ils trouvèrent une société en décadence,
» une aristocratie fatiguée, une population esclave, la
» propriété avilie et presque déserte, la disette d'hom-

pas encore à de nouveaux et infâmes mariages; des registres n'en retenaient pas les solennités; mais : « Vivons seulement, s'écriait le » grand satirique, et nous verrons former en public ces exécrables » nœuds; nous les verrons légitimer! » — Quelques années avaient passé sur la cendre du poète, et sa prophétie se réalisait; sa brûlante hyperbole était atteinte, dépassée même par le flot toujours montant de ces mœurs immondes. — Le même auteur rappelle que la propagation d'un crime innomé est mise par Gibbon à la charge des quinze premiers empereurs, à l'exception de Claude, qui vivait dans un commerce incestueux.   (*Études philosophiques sur le christianisme.*)

» mes, *l'extinction de la richesse et de l'industrie.*

» Rome donnait au peuple du pain et des spectacles :
» *panem et circenses :* il aurait mieux valu lui donner
» du travail. »

» Vous aviez dit aussi : « La liberté est l'opposé de
» cette chose détestable qu'on appelle despotisme ;
» c'est entre l'un et l'autre une incompatibilité radi-
» cale (*). »

J'extrais les passages suivants de votre beau Mémoire
sur l'influence du christianisme, publié en 1844 :

« Telle était la morale qui allait se poser en face
» d'une société hérissée d'orgueilleuses inégalités,
» abandonnée par les croyances religieuses, mais
» soumise à des lois de fer qui n'avaient pas empêché
» le doute et la corruption de s'insinuer partout. Il y
» avait toutefois encore des forces vives dans cette
» société, mais elles étaient *découragées* ou *opprimées.*
» Les unes, échappées de Pharsale, oscillaient entre
» les élans d'une fière résistance et le *désespoir de la*
» *chose publique.* Les autres plus jeunes, mais con-
» tenues par l'esclavage, par la puissance paternelle,
» par les lois d'exclusion de la pérégrinité, par toutes
» les chaines enfin qu'avait forgées l'aristocratie anti-
» que, attendaient dans une fermentation sourde de
» grands et mystérieux événements.

» Entre ces éléments, trop divers pour avoir autre
» chose de commun que leur malaise, se trouvait la

(*) M. Troplong, *de la Propriété.*

» classe des heureux du jour, gens égoïstes, efféminés,
» portant dans leur liberté la servitude du vice, le joug
» honteux du sybaritisme. Ici, c'étaient les affranchis
» que les guerres civiles avaient jetés en masse dans les
» rangs des citoyens et qui y avaient apporté les *richesses*
» *mal acquises, l'insolence des parvenus, tous les vices*
» *des cœurs visités par la fortune avant d'avoir reçu*
» *l'éducation qui prémunit contre ses dangers.* Là, et
» dans les rangs plus élevés et plus polis, c'étaient toutes
» les ambitions, si ardentes jadis, maintenant usées ou
» refroidies, qui s'étaient signalées dans la triste époque
» du triumvirat par le trafic des choses publiques, par
» l'achat et la vente des jugements, par les faux ser-
» ments, par le mépris du peuple et de la religion ;
» c'étaient aussi *tous les débris de l'épicuréisme qui*
» *avaient traversé, entre les plaisirs et les dangers,* les
» derniers orages de la République, et se reposaient *à*
» *l'ombre du despotisme* et dans les délices d'une vie
» molle, des fatigues de la vie militante. Le type de ces
» épicuriens de bonne compagnie était *Mécène,* ce mi-
» nistre d'Auguste, qui faisait des livres musqués et
» prétentieux sur la toilette ; Mécène qui affichait le
» luxe des femmes et se montrait en public dans les
» replis d'une robe traînante et escorté de deux eunu-
» ques plus hommes que lui ! Malheureux, excédé de son
» bien-être, cherchant dans le vin, les concerts, le bruit
» des cascades et les divorces mille fois répétés de quoi
» éveiller sa sensibilité émoussée. C'est dans ce monde
» élégant, mais pervers, que régnaient, à côté du mépris

» des dieux, la morale de l'intérêt, le culte de l'égoïsme,
» l'enivrement de la vie sensuelle. *Auguste alla puiser*
» *à cette source le principe de son corps de lois pour la*
» *régénération de l'Italie.* Il gouvernait son époque avec
» les mobiles qui le faisaient agir. Mais UN MAUVAIS PRIN-
» CIPE NE SAURAIT ENGENDRER LE BIEN. *La corruption mar-*
» *cha au lieu de s'arrêter ; elle aboutit aux abominables*
» *excès dépeints par Tacite, au règne d'une Messaline,*
» *aux infamies de Néron, aux fêtes de Tigellin.....*
» ...... Qu'était-ce que l'empire romain, sinon une
» mer battue par les tempêtes et roulant ses flots ora-
» geux autour d'un navire fracassé ?
» Au milieu des désordres du palais impérial, dans
» les orgies où *la débauche nivelait les rangs*, les escla-
» ves avaient trouvé un protecteur dans le tyran des
» citoyens. Mais tout porte à croire que ses ordres avaient
» peu d'efficacité. Les plaintes de Sénèque nous révèlent
» de plus fort l'arrogance des maîtres et les misères des
» esclaves, moins bien traités que les bêtes de somme.
» Tandis que le maître est mollement étendu pour son
» souper au milieu de ses amis, surchargeant avec avi-
» dité son estomac blasé, la foule de ses esclaves l'envi-
» ronne ; l'un essuie les crachats, l'autre recueille les
» vomissements des convives enivrés, un troisième verse
» le vin, il est paré comme une femme ; l'âge veut en
» vain le faire sortir de l'enfance, la force l'y retient....
» ...... Presque toujours, les esclaves maltraités
» s'échappaient d'auprès de leurs maîtres et venaient
» dans les grandes villes, et surtout à Rome, ce vaste

» réceptacle des grandeurs et des misères du temps. Là,
» cachant leur origine et leur fuite, ils grossissaient la
» foule des mendiants qui stationnaient auprès du vatican
» et exploitaient la piété des familles chrétiennes........
» Déjà, sous Dioclétien, les paysans gaulois réduits au
» désespoir, s'étaient soulevés en masse sous le nom de
» *Bagaudes ;* ils avaient désolé les provinces, incendié
» les villes, commis ces grandes horreurs qui sont les
» fruits des émotions populaires. On a lieu de croire que
» les chefs de ces insurgés étaient chrétiens et que leur
» insurrection fut occasionnée par l'abus des principes
» du christianisme. La témérité de ces bandes indisci-
» plinées fut châtiée sans peine par Maximien ; mais
» les idées ne périssent pas facilement devant la force, et
» une agitation réelle, un mécontentement profond, sans
» cesse entretenu, avaient éclaté de nouveau en explosion
» formidable, cinquante ans avant que la conquête des
» Gaules par les Francs vînt donner une autre direction
» aux esprits....

» S'il faut en croire les historiens de Constantin le
» Grand, la famille était presque tombée en dissolution
» dans la Syrie et dans la Phénicie..... les femmes y
» étaient presque communes ; *les enfants ignoraient le*
» *plus souvent leurs pères* et leur famille.....

» Les excès déplorés par *Sénèque,* stygmatisés par
» *Juvénal* et *Martial,* disent *combien les tentatives*
» *d'Auguste furent malheureuses.* Ah ! l'entreprise de
» guérir une société si profondément gangrenée était
» trop au-dessus des forces d'un *empereur épicurien.* »

Je me laisse entraîner, monsieur le Président, par ces belles pensées si noblement exprimées. Il faut pourtant que je m'arrête. Je reviendrai plus tard sur chaque empereur en particulier. J'aurai constamment à insister sur cette idée, qu'il n'y a point de *véritable démocratie* sans liberté, et que les nations très-civilisées, lorsqu'elles ont eu le malheur de se laisser subjuguer par le pouvoir absolu d'un seul homme, tombent nécessairement dans une immoralité de plus en plus profonde, à moins qu'elles ne parviennent à réagir contre le despotisme par les moyens les plus énergiques.

Veuillez, monsieur le Président, agréer l'assurance de mon respect.

Bruxelles, 14 juin 1852.

Imp. de Ch. Vanderauwera.